MON
MEA CULPA

2ᵉ LETTRE
DU NOUVEAU CONSEILLER MUNICIPAL
DE MANTES

POUR SERVIR DE RÉPLIQUE
A M. L'ÉVESQUE & M. COINTREAU
Par M. FORFELIER

PREMIÈRE PARTIE — 30 CENTIMES

Mon pauvre Conseiller municipal, te voilà avec deux duels sur les bras...... Duels épistolaires, à la vérité Deux attaques ouvertes : l'une en face, l'autre en flanc, sans compter celles qui te sont lancées par derrière et dont tu ne te doutes pas.

C'était bien la peine d'aller inspecter les bornes, flairer les égouts de la ville, et mettre les yeux à la lucarne de la Municipalité !

Te voilà au pied du mur.

M. L'Évesque te crosse d'une belle façon ; maladroit que

tu es; — et M. Cointreau!..... Quelle pilule il t'a administrée (1)!

Comment t'es-tu mis dans de pareilles affaires?

Tire-toi de là comme tu pourras, mon ami, ou plutôt, tiens, crois-moi, fais ton *Meâ culpâ;* car je te défie de répliquer : et ne t'avise plus, je te conseille, de chanter, avec le prétendu sage, sur l'air de ton épigraphe :

« Parler est bon; »
« Écrire est mieux; »
« Imprimer est la meilleure des choses. »

Tu vas l'apprendre, attends un peu..... comme l'ont dit tes adversaires!

Et cependant, ce n'est pas ta faute; c'est celle de tes concitoyens.

Pourquoi t'avoir élu?

Pourquoi t'avoir commis, sous le titre modeste dont tu te pares, comme représentant de la commune aux assemblées municipales? — Tu n'as pas sollicité cet honneur, ni les charges qu'il impose à ceux qui, comme toi, prennent à cœur les affaires qui leur sont confiées, et accomplissent leurs devoirs, sans peur.

Tu es bien arrangé, sans compter les âneries qu'on te prête, pour avoir fait un peu de zèle dans l'exercice de ton mandat, pour t'être montré, dès le début, un peu soucieux des intérêts et des droits de tes *commettants!* (comme tu as osé le dire); — pour avoir, en termes mesurés, plaidé pour la propreté et la salubrité de leur ville; — pour avoir fait des vœux afin qu'elle ait de l'eau en abondance; qu'elle se fasse coquette et belle; que ses monuments se montrent dans toute leur grandeur, et qu'elle devienne, le plus

(1) M. Cointreau est un honorable pharmacien de Mantes.

tôt possible, ce qu'elle *devrait être* depuis longtemps…. afin de mériter son surnom de *jolie*, auquel tu t'es permis de souhaiter qu'elle puisse ajouter *heureuse* !

Ah ! vous vous mêlez de cela, monsieur le nouveau Conseiller municipal, *ignorant* (le mot y est) des affaires de votre localité. — Et à quoi bon, je vous prie ? — D'autres avant vous s'en sont mêlés, qui n'ont pas encore réussi. — Allons, allons, des étrivières ; ou, comme on dit à l'école,…. la férule de M. le maître.

Et puis, es-tu bien sincère ! — On imprime que ce n'est pas l'intérêt et les embellissements de la ville qui t'inspirent ce beau zèle, ni son développement, ni l'état de ses monuments, ni le bien-être de ses habitants. — Tu n'y pensais pas, seulement ! — Et à quoi bon y penser ? — Tout ce que vous demandez, petit important, se réalisera. — La ville et ses habitants auront tout cela, *sans vous*, entendez-vous bien ? — Mais tu veux t'en attribuer le mérite. — Tu veux que la postérité te sache gré des transformations à venir ; ambitieux que tu es !

« Eh bien ! non ; il est bon que tous sachent que vous n'y avez été (on aurait pu dire : vous n'y serez) (1) pour rien, absolument rien. »

« Cela ne vous appartient pas », mon bon ami.

Ce qui vous appartient, « *ce qui est vôtre* », monsieur le nouveau Conseiller municipal, on va vous le dire (2) :

Mais d'abord, assis sur la sellette ! Et puis nous allons voir si vous pourrez répondre.

---

(1) Par allusion à : « *on aurait pu dire, abattre leurs bestiaux.* » (Voir la réponse de M. L'Évesque.)

(2) *Nota bene.* — Tout ce qui est entre guillemets est tiré littéralement de la réponse imprimée dont M. L'Évesque m'a honoré. (FORFELIER.)

Première demande. — « Vous n'avez pas pu assister à
« l'installation du Conseil municipal, le 15 août. »

Réponse. — Je confesse que je n'ai pas pu. — Mais ni vous non plus, Monsieur, ni cinq ou six des nôtres. — Quel crime avons-nous donc commis, vous et nous?

Est-ce que cela est de nature à altérer la valeur de notre serment? — Quant à moi, je vous garantis le mien. — Il était pur et de bon aloi quand je l'ai donné, et j'espère bien que rien ne viendra l'altérer. — J'aime le progrès: je déteste les renversements. Est-ce que je ne vous l'ai pas prouvé!

Deuxième demande. — « Vous vous êtes rendu à la
« séance du 28 août, vous avez entretenu le Conseil de
« divers projets, et l'on assure que vos paroles n'ont pas
« rencontré (*on aurait pu dire n'ont pas eu*) grand écho (1).
« Cela est-il vrai? »

Réponse. — Hélas, oui! je confesse qu'au moyen de la *question préalable*, comme cela se pratique quelquefois dans d'autres assemblées, on a voulu me fermer la bouche!
— Que voulez-vous?

Troisième demande. — « Pourquoi, si vous aviez si bien
« parlé, prendre la peine d'écrire à vos Collègues? »

Réponse. — Mon Dieu, j'ai pensé qu'ils ne m'avaient pas compris; et puis tous mes Collègues n'étaient pas présents; ils n'avaient pas pu se rendre tous à la séance.

Quatrième demande. — « Pourquoi faire imprimer votre
« lettre? »

Réponse. — Hélas! je n'avais pas, comme MM. les grands

---

(1) On rencontre des sympathies, et j'en ai la preuve; on a de l'écho, et j'espère que la *Lettre d'un nouveau Conseiller municipal* en a eu assez.

Députés, des sténographes à mes ordres, et les colonnes du *Moniteur* pour y faire insérer mon petit discours.

Cinquième demande. — « Tenez, soyez franc ; le titre :
« *Mes chers Collègues* » n'est pas exact; ce n'est pas à eux
« que votre lettre s'adresse; ce qui le prouve, c'est la note
« qui termine votre écrit. — Vous y annoncez que vos
« *commettants!*...... le mot est peut-être un peu am-
« bitieux..... »

Réponse. — Et pourquoi donc *ambitieux?* Le commettant est celui qui charge un autre de quelques-unes ou de toutes ses affaires.

Le fabricant, le marchand de vins, le marchand d'engrais, sont les *commettants* de ceux à qui ils donnent pouvoir de faire des placements en leur nom. — Il n'y a là rien d'ambitieux.

Les électeurs sont les *commettants* d'un député au Corps législatif, et je n'en suis pas là, — hélas! mais ils sont aussi les *commettants* d'un Conseiller général, — d'un Conseiller d'arrondissement, — d'un Conseiller municipal. — Et parce que celui-ci est le dernier? — Ah! pardon, Monsieur, il est le premier sur l'échelle ou dans la pyramide, à la base de l'ordre social, et à cause de cela, il serait taxé d'outrecuidance pour dire : *mes commettants!*

Allons, ceci n'est pas sérieux, et le trait manque son but.

Et, puisqu'*on* vous a assuré que mes paroles n'avaient pas eu d'écho dans le Conseil ; ma foi, j'ai fait comme le député qui n'a pas réussi à se faire entendre *à la tribune;* il porte son discours au *Moniteur*, afin que ses commettants n'en ignorent! et moi j'ai porté mes propositions à la connaissance des *miens*, pour les en faire juges. — C'est ce que doit faire un bon et loyal *représentant*, — Ce mot-là n'affiche pas plus d'ambition, n'est-ce pas? — Car un simple *commis* est le *représentant* de son *patron*.

Mais cessons le dialogue, et, pour en rompre la monotonie, changeons la forme du discours. — Je puis le faire au gré du lecteur, ou grave, ou doux, ou plaisant, ou sévère, comme le prescrit Horace.

Mais je proteste de n'y faire entrer ni rancune, ni colère. — Un peu de rire, et voilà tout; cela ne saurait blesser des esprits bien faits. — J'ai bien ri, moi; et je ne suis pas d'humeur à me fâcher jamais contre celui qui reprendrait mes propositions; bien loin de là, je m'en applaudirais.

Il n'en est pas des idées administratives et politiques comme des inventions brevetées, sans garantie du gouvernement. — Chacun peut s'emparer des premières, il faut respecter les secondes.

Heureux celui qui rallie, je ne dis pas qui *raille*, les bons esprits. — Et tenez, la majorité du Corps législatif n'a-t-elle pas battu des mains, le jour où elle a vu MM. Emile Olivier et Darimon se rallier aux grandes idées du gouvernement?

Eh bien! mais, si j'ai eu le bonheur d'avoir les excellentes vues et de reprendre les bons projets de l'ancienne administration; si j'ai eu le bonheur d'entrer dans sa manière de voir, je m'en glorifie: elle devrait s'en féliciter, et non pas me railler.

Sur quoi différons-nous donc?

J'aurais voulu voir ces projets réalisés; ils ne le sont pas. Je voudrais qu'ils le fussent promptement, et vous dites que cela ne se peut pas. Voilà la différence entre nous.

Seulement, je ne me contente point d'un « cela ne se peut pas, » et je *veux* des raisons, c'est-à-dire des études : c'est bien le moins qu'elles puissent être demandées, lorsqu'elles nous intéressent à un aussi haut degré.

Tempérez, tant que vous voudrez, par de bons calmants, l'ardeur de mon zèle. M. Cointreau est là : s'ils produisent leur effet, je me tairai ; mais me blâmer ! lorsque je me rencontre avec vous, pourquoi cela, s'il vous plaît ?

―――

Encore un bon exemple : — Des esprits très-ardents, trop ardents, sans aucun doute, voudraient, tout de suite, le couronnement de la liberté.

Est-ce que le gouvernement les gourmande? Non, il leur explique, en termes parlementaires, que le moment « n'est pas venu ; » et il leur dit : « Attendez ! »

―――

Il est vrai que vous ne voulez pas que nos Assemblées municipales soient des petits parlements. Et pourtant, tout considéré, à la nature des sujets et à l'éminence des talents près, c'est la même chose.

Toutefois, nous conviendrons qu'entre le couronnement de la liberté, matière sur laquelle nous ne sommes pas compétents, et le remaniement du pavé de Mantes et toutes les améliorations nécessaires sur lesquelles nous sommes d'accord, à la différence des moyens et des temps, il y a comme une immensité.

―――

Je le répète donc, avant de reprendre mon sujet, il ne faut pas se fâcher, parce qu'il ne faut pas mettre les rieurs d'un seul côté.

M. Billault s'est-il jamais fâché? M. Rouher se fâche-t-il? et M. Haussmann, le grand administrateur municipal si attaqué, ne se fâche pas non plus; ni M. Thiers, ni M. Jules Favre, ni M. Berryer, mon maître illustre entre les plus illustres, personne de ces hommes-là ne se fâche. Et, lorsqu'après de véhémentes apostrophes, dans lesquelles les attaques se sont reproduites avec vivacité, ces nobles adversaires viennent à se rencontrer, ils se saluent.

Leurs rapports dans les luttes parlementaires ou du barreau n'altèrent en rien leurs rapports d'hommes du monde, et ils continuent de s'estimer.

Ils se rendent mutuellement cette justice, que chacun d'eux a fait librement, et selon sa conscience, le devoir que lui imposait son rôle ou son état, et ils se donnent cordialement la main.

Imitons-les donc, Messieurs.

Les offenses ne peuvent aller jusqu'à eux, pourquoi iraient-elles jusqu'à nous, hommes d'honneur également?

Pour mon compte, je méprise les offenses, parce qu'à mes yeux l'offenseur est au-dessous de l'offensé; et, au besoin, je dirais comme M. Guizot, un homme d'honneur aussi, et qui s'est trompé : « Leurs injures n'iront jamais à la hauteur de mon dédain! »

C'est comme pour le persifflage, à propos duquel le Dictionnaire de l'Académie dit : « Il est plus honteux d'être persiffleur que d'être persifflé. »

Et qui donc oserait prétendre que l'intention de vous offenser soit entrée dans mon esprit, quand, à mon nouveau titre, j'ai regretté l'état actuel de notre ville et demandé à exprimer ou à renouveler des vœux pour la régénérer?

———

Un vœu! c'est la seule initiative qu'ait un Conseiller municipal, et s'il ne peut pas en user, même au vu et su de ses commettants, sans la permission de M. le Maire, il faut la faire rayer de la loi, après quoi je verrai ce que j'aurai à faire dans la Municipalité.

———

La Municipalité! mais c'est le Gouvernement de la ville. Le roi Louis le Gros, dans la charte qu'il a donnée à Mantes, au rapport de nos chroniques, qualifiait ainsi l'Administration, composée du Maire et des douze Notables ses Conseillers, que les habitants étaient, dès lors, appelés à élire.

A qui donc l'Administration municipale appartient-elle? A personne en particulier et à tous en général!

Elle fait notre police, elle gère nos biens; à elle est commis le soin d'en augmenter les revenus, d'en développer les ressources, tout comme un bon père de famille.

Et l'on trouverait mauvais que nous exprimions nos avis sur sa manière de faire, et que nous lui disions, sous la forme respectueuse de *vœux* : « Voyons, étudions si l'on ne pourrait pas faire davantage et mieux! »

Le citoyen qui se tait, qui reste indifférent aux choses de sa cité, qui ne s'en préoccupe pas, qui s'enferme dans son égoïsme ou qui s'en rapporte insouciant aux autres, prend sa responsabilité de leurs fautes.

Administrateurs et citoyens, nous sommes tous solidaires de ces fautes, parce que nous dépendons tous les uns des autres, et qu'elles ne sont pas imputables à celui-ci ou à celui-là, mais à notre aveuglement ou à notre incurie et à notre imprévoyance *à tous*, car, encore une fois, qui donc choisit les hommes du Pouvoir municipal?

C'est nous!

Mais en attendant que nous fassions mieux, si c'est possible, pas de querelles de mots et pas de disputes, je vous prie. Cela ne fait pas les affaires de la ville. Je n'ai voulu attaquer et je n'attaque personne. Je défends mes causes avec ardeur, j'y mets mon zèle et tout mon esprit. Je regrette, j'ai été attristé, que vous ayez vu, dans mon procédé, autre chose qu'une profession de foi, une pétition de principes dans laquelle j'ai exposé franchement ma manière de voir et avec quel esprit j'entrais au Conseil :

Écoutez bien cela!... vous m'obligez à le répéter.

« Avec l'esprit d'*ordre* et de *liberté* qui est essentiellement attaché maintenant à nos institutions démocratiques (ce n'est pas moi qui les ai faites; c'est la Constitution, à laquelle nous avons juré d'obéir, et les lois progressives qui en développent les principes); »

Est-ce mal?

« Animé des *meilleures intentions* pour l'Administration de notre ville; »

Qu'y a-t-il à redire?

« Pénétré de l'*importance* du Pouvoir municipal, de l'*attention* qu'il mérite, du *respect* qui doit l'environner; »

C'est cela, Monsieur, qui devait vous toucher.

« *Plein du désir de faire nos affaires, entre nous, le mieux possible*, ouvertement et libéralement, comme des hommes sincèrement dévoués à leurs institutions et aux intérêts qui leur sont confiés; »

Qui donc peut accuser cela?

« Sans passion, » ai-je dit;

« Sans rancune ni parti pris contre personne! » entendez-vous bien? » tant je voulais éloigner de moi l'idée d'une hostilité.

« Et fermement *résolu* à pousser et *soutenir l'autorité — quels qu'en soient les dépositaires* — dans la voie du progrès et des améliorations désirées. »

Pouvais-je mieux dire?

Tout cela a passé inaperçu à vos yeux.

———

Tout cela est pourtant *imprimé*, dans *la Lettre à mes Collègues*. Ah! vous ne l'avez pas bien lue; mais si vous voulez la relire (elle est aujourd'hui dans toute la ville; quatre cents personnes l'ont achetée!); si vous voulez la relire, dis-je,—vous y verrez qu'imprimer est effectivement la meilleure des choses, parce que, s'il est facile de dénaturer le sens des paroles, même imprimées, elles restent, et l'auteur peut en appeler d'un jugement erroné.

C'est ce que je fais.

J'ai dit encore, à propos d'une objection tirée d'une exception de la grande voirie : « L'État, c'est moi, c'est
« vous, c'est nous tous, et par-dessus nous tous, c'est un
« prince éclairé ami du peuple et du progrès, avec des mi-
« nistres intelligents qui mettent leur honneur et leur pas-
« sion, parce que c'est leur devoir, à favoriser tous les
« intérêts légitimes, à faire justice à tous les droits mé-
« connus. »

Qui donc peut être blessé de cela?

J'ai ajouté : « qu'en restant fidèles à notre serment vis-à-
« vis de l'Empereur et de la constitution, nous pourrions
« exercer nos droits de citoyens et accomplir nos devoirs
« de conseillers municipaux, en liberté. »

Et m'inspirant d'une parole d'un de nos ministres, j'ai terminé ma lettre par ces mots : « En étendant partout les bienfaits de la démocratie organisée, nous fermerons l'ère des révolutions. »

Et vous n'êtes pas satisfaits !

Qu'est-ce que vous voulez donc ?

———

Vous me parlez de la rue de l'Audience, en faisant obligeamment remarquer que je la fréquente souvent.—Je vous remercie : mais vous ne dites pas à quel titre ? à titre de plaideur, *non;* mais à titre de défenseur, *oui.* Je rétablis la vérité.

Eh bien ! c'est précisément parce que j'ai vu dans cette rue étroite,— où ni enfants, ni vieillards n'ont été écrasés, — le bon effet de la substitution des trottoirs aux bornes, que je désire partout la réalisation de ce progrès.

———

Tenez, Monsieur, ma lettre ne s'adressait pas à vous ; elle exposait convenablement de bons principes, une situation exacte, des besoins impérieux, — elle ne renfermait ni allusion méchante, ni offense; mais elle a offusqué quelques personnes que je connais.

Elles ont dit que mon attitude dissimulait de l'ambition.

Et quand cela serait ?

Est-ce qu'il est défendu d'aspirer à bien servir son pays dans toutes les positions de la société ?

Est-ce que le suffrage universel, que M. Troplong vient encore de constater, n'a pas été donné pour nous y convier?

Est-ce que la constitution proclamant les grands principes de liberté et d'égalité de 89 n'a pas été faite pour exciter dans ce but les plus nobles ambitions ?

Je plains ceux qui ne ressentent pas cette noblesse : et j'avoue que, sous ma froide écorce, elle m'a toujours ardemment possédé.

Au plus méritant des cœurs bien nés! c'est ce que disent nos lois.

Voyez en Amérique, où nous n'avons été ni l'un ni l'autre : de simples ouvriers, animés par ce souffle inspirateur du bien public, s'élèvent au rôle de présidents des États-Unis et accomplissent les plus grandes choses.

———

Quant à vous, Monsieur, je me suis inspiré de quelques idées d'amélioration, qui avaient été les vôtres, sans que j'en sache rien. — J'en ai élargi le cercle et vous avez été froissé.

———

O grandes âmes de César et d'Auguste, grandes âmes de Charlemagne, de Louis XIV, de la Révolution de 89 et de Napoléon 1er, — que direz-vous donc du Prince qui, aux applaudissements du monde, s'inspire, chaque jour, dans notre intérêt, des beautés et des grandeurs des siècles que vous représentez ?

Mantes, 3 Octobre 1865.

FORFELIER
MEMBRE DU CONSEIL MUNICIPAL.

(FIN DE LA PREMIÈRE PARTIE)

———

La deuxième, plus intéressante pour les habitants de Mantes, paraîtra, soyez-en sûrs.

En attendant *la Commune et son Gouvernement, ses Conseils et ses Parlements*, petits traités théoriques et pratiques pour servir à l'éducation politique et municipale à l'usage des Maires et des Conseillers Municipaux de France.

POST-SCRIPTUM

Au moment où je termine cette première partie, un de mes anciens confrères, à Mamers, où il est de la municipalité, et avec lequel je suis resté en bonnes relations d'amitié, m'écrit ceci : ce qui vient on ne peut plus à propos :

Mamers, le 2 Octobre 1865.

Mon cher maitre,

« J'ai appris avec plaisir votre élection au Conseil municipal.
« Votre lettre à vos collègues prouve qu'en vous accordant cette
« distinction, les habitants de Mantes ont fait un excellent choix (mes
« contradicteurs ne sont pas de cet avis, mais j'espère que cela
« viendra). »
« Je vois que vous aurez beaucoup à faire (il ne se trompe pas),
« et je croyais votre ville plus avancée. »

Mais écoutez, Monsieur.

« Je constate avec plaisir que nous sommes plus heureux que vous,
« cette année ; moyennant une dépense de 140,000 fr., nous avons
« détourné une petite rivière qui prend sa source à Contilly, et en
« lui faisant parcourir 12 kilomètres, nous l'avons amenée *dans nos*
« *murs*, où elle nous fournit *à profusion* une excellente eau potable,
« vingt-sept bornes-fontaines la distribuent *dans toute la ville*.
« *Res miranda Populo !* Sur notre place des Grouas, autrefois si
« nue, si aride, existe déjà un jet d'eau de dix mètres d'élévation :
« Il faut le voir pour le croire ! »

« Si vous saviez, cependant, ce que ce projet a trouvé de *contra-*
« *dictions*, vous verriez que le bien public n'est pas facile à faire, et
« que, pour arriver, il faut de la ténacité.

Ici, Monsieur, comme vous le voyez, je ne vais pas prendre un point de comparaison en Orient, où je n'ai pas été, comme vous l'avez fait remarquer.

Mais les historiens, voyageurs, géographes et savants, que vous n'avez pas lus, sans doute, nous ont fait voir, dans leurs relations, ce que sont les villes de Dejeddah, de Damas, du Caire et d'Alexandrie, ces berceaux du choléra.

J'ai donc été à Mamers, et voici ce que j'ai vu :

En 1843, pas une goutte d'eau potable, sinon celle des citernes.

A mon départ, en 1848, une municipalité qui a dépensé une somme assez ronde pour attirer de l'eau dans des bornes-fontaines, qui n'en rendaient pas plus que les nôtres.

Aujourd'hui, Mamers, une petite ville déshéritée, sans fleuve, sans chemin de fer, moins importante que Mantes, je lui en demande bien pardon ! cette petite ville, grâce à ses nouveaux administrateurs, à su imiter Paris, la ville modèle. Avec 140,000 fr., elle a su détourner sa *Dhuys*; elle a de l'eau à profusion, elle a des fontaines jaillissantes, comme j'en souhaite à Mantes.

Elle a de plus des halles et de belles places pour ses marchés.

Honneur donc à Mamers ! à ses habitants, à ses administrateurs !

ÉPILOGUE

Mes chers Commettants,

En me nommant parmi vos représentants, vous m'avez imposé une charge plus lourde que vous ne pensez.

Je plaide, et je continuerai de plaider devant vous, dans l'intérêt de tous.

Payons donc, je vous prie, chacun *30 centimes*, pour les frais de plaidoirie.

5 ex. : 1 fr. — 25 ex. : 5 fr. — *franco!*

CHEZ L'AUTEUR ET CHEZ LES LIBRAIRES, A MANTES.

J. F.

www.ingramcontent.com/pod-product-compliance
Lightning Source LLC
Chambersburg PA
CBHW061612040426
42450CB00010B/2443